Prevarications du Pere de la C....
confesseur du Roy , au prejudice des ...

PREVARICATIONS

du

Pére de la Chaize

Confesseur du Roy,

Au Préjudice des Droits & des Interets de Sa Majesté.

Lecteur.

VOici un petit ouvrage, qui
tirera le public & parti-
culierement la Cour de
Rome, de l'erreur ou ils font, de
croire que Mr. L'Archevêqʒ de
Paris & le Pere de la *Chaise* cher-
chent par toute forte de voye à
augmenter les Droits du Roy ;
& qui purgera ces Meſſieurs du
blame qu'on leur donne injuſte-
ment. Ainſi cet ouvrage, quoi
qu'il porte le titre de Prevarications eſt une veritable Apolo-
gie, qui leur ſervira contre ceux
qui les accuſent de remüer ciel
& terre pour les Intereſts de S. M.
Comme il eſt tres important à
l'un & a l'autre, particulierement au P. de la *Chaise* en qualité de Confeſſeur du Roy & di-

  recteur

recteur de sa conscience, de passer dans le monde pour tel qu'il est. J'ai crû faire plaisir à tous les deux, de mettre au jour une accusation qui leur est si favorable dans le tems ou nous sommes, & dont les bons effets feront, en justifiant ce Prelat & ce Jesuïte, de desabuser le public, sur tout sa Sainteté, à qui pour cet effet on adresse ces Vers en faveur du dernier

Au Pape.

St. Pere vo⁹ voulez faire venir à Rome,
Le bon Pere la Chaise estimant qu'il
    soit homme,
Un peu trop remuant pour les Droits
    de son Roi,
Et vous croyez cela, comme article de
    foi.
Avoir ce sentiment d'un homme si
    paisible?
    Ah! saint Pere, qui le pourra,
    Persuader aprés cela,
    Que le Pape soit Infaillible.
Pré-

Prevarications

Du Pére de la Chaise Confesseur du Roy, au prejudice des Droictz & des Interetz de sa Majesté.

LA Perfidie a esté de tout temps en horreur aux gens de bien; mais elle devient encore plus noire & plus odieuse, quand elle a pour object des Personnes d'un Merite, d'une Vertu, & d'une Qualité Suréminente. Que le Pere de la Chaise respondit pas aux Intentions d'un Meschant Prince, qui recompenseroit le Vice par les Biens & les Dignitez de l'Eglise? il n'y auroit pas lieu de s'en estonner, & son procedé trouveroit de quoy s'excuser dans la qualité de Confesseur & dans la Profession d'un homme qui se dit Religieux de la Compagnie de Jesus.

a 3

Mais

Mais que ce Jesuite par de lasches es-
gards, & pour des Interestz particuliers
trahisse les Droictz & les Interetlz de
Loüis le Grand, c'est à dire, du Meil-
leur, du plus Equitable, & du mieux
Intentionné de tous les Roys, qui
dans la dispensation des Benefices n'a
eu veüe que le merite & la vertu. Que
ce Jesuite, dis, trompe ce grand Prince
contre la fidelité qu'il luy doit, qu'il
ruine tous les jours ses droictz, par des
Prevarications Manifestes: c'est ce qui
n'est point du tout excusable & contre quoy tous les fideles sujectz de S.
M. doivent crier, mais crier si haut,
que cette trahison aille jusqu' aux
Oreilles de ce Monarque.

On va donc faire voir à tout le Royaume, dans le Contenu de ce Memoire,
la Perfidie, & l'Infidelité de cet homme, qui sans aucun Egard aux Obli-
gations qu'il a au Roy son Maistre, ni à
celles de son Ministere qui le rend Promoteur des Droictz de S. M. destruit &
ruine par une lasche Politique ces
mesmes

mesmes Droictz qu'il devroit Soûtenir & augmenter au peril de sa Vie.

Mais parce qu'on pourroit soup-
çonner de Calomnie les Faictz que l'on
va mettre en avant, l'Autheur de ce
Memoire pour eloigner ce soupçon
prie ce grand Dieu qui voit dans le
cœur de l'homme, & qui deteste l'Imposture & la menterie, de le fraper de
tous les traitz de sa Colére, & l'acca-
bler de tous les fleaux imaginables, si
dans cet écrit il auance quoy que ce
soit, qui ne soit tres Constant & tres
Veritable.

Voicy donc les Faictz que l'on met en avant.

Le Sieur Pinsson Advocat au
Parlement de Paris, homme Intelli-
gent et zelé pour les Interets du Roy
a donné depuis long temps au P. de la
Chaise un Memoire de quatorze Abbayes, six de l'ordre de Clerveaux, &
huict de Citeaux, ausquelles il fait

voir que le Roy a droict de Nommer,
comme à toutes les autres Abbayes de
son Royaume ; le P. de la C..... a permis qu'on ait pris des Brevetz pour
les six de Clervaux, & n'a jamais voulu (quoy que ce soit le mesme droict)
qu'on ait touché à celles de Citeaux,
pour des Egards & des Considerati-
ons qu'il a pour l'Abbé dudit Citeaux.

Le Sieur de L'Angeron Mau-
levrier Comte de Lyon, du depuis
Aumônier de Mad. la Daufine ayant
presenté au P. de la C..... un Memoire qui prouve evidemment que le Roy
a Droict de nommer à l'Abbaye du
Miroir in Bresse, comme ayant esté
supprimée contre toute sorte de
Droict ; le P. de la C. luy dit que sa
Chambre estoit pleine des Placetz
qu'il auoit receus pour la mesme affaire, mais que personne n'auroit cette
Abbaye : surquoy ledit Sr. de Lange-
ron l'ayant prié d'agreer qu'il la de-
mandât au Roy, sur l'offre de poursüi-
vre

vre â ſes propres frais le Droict de S.
M: vous le pouvez, luy dit il le P. de la
C..... mais le Roy vous renvoyera à
moy & je l'empeſcheray.

Cette Abbaye du Miroir a eſté ſuppri-
mée, & ſes Revenus unis à Citeaux, pour
fournir à la reparation du dommage que
le feu y avoit fait par l'embrazement d'un
corps de Logis. On laiſſe juger s'il eſt
permis de ſupprimer à perpetuité, vne Abbaye ſous pretexte de ſemblable accident,
qui peut eſtre reparé en peu de temps par,
la Contribution de tous les membres de
l'Ordre. Secondement, cette Vnion a eſté
faitte ſans la participation des fondateurs
Laïques qui ſont les Seigneurs de Coligni:
En troiſieme lieu, la Bulle, d'union n'a point
eſté ſulminée dans le Dioceſe de Lyon, ou
l'Abbaye eſt ſituée. 4. peut on ſupprimer
des Prelatures dont le Roy eſt le perpetuel
Protecteur.

Le Memoire preſenté au Pere de la C....
contenoit toutes ces raiſons deduites & ſ
prouvées au long, mais le Pere de la C.... a
eſtant Confeſſeur du Roy & Directeur de

ſa conſcience, veut encore eſtre Moderateur de ſes Droictz.

Le Sieur Dumas Preſtre ayant produit au P. de la C..... un Tiltre par lequel il conſte que l'ancien Comte d'Auvergne, au Droict du quel le Roy ſuccede, doit Nommer au Prieuré de Sauviac, Le P. de la C..... dit que ce titre eſtoit bon & en fit accorder le Brevet audit Dumas: Mais le Sieur de Foudras, Comte de Lyon, ami du P. de la C....., ayant du depuis paru avec le Droict du pourveu par l'Abbé de la Cluſe en Piedmont, le P. de la C....., dit aux S. Pinſſon & Derieu Advocatz au Parlement de Paris, qu'il ſe feroit bié gardé de faire donner le Brevet ſur ce Titre s'il euſt ſçeu qu'il eut deu faire prejudice audit Sieur de Foudras. En ſuitte de quoy il a fait durer cette affaire quatre anneés, pour laſſer ledit Dumas, & l'obliger à tout abandonner, quoy qu'il ſouſtint le Droit du Roy.

On

On prie le Lecteur de faire vn peu de reflexion sur la Naifveté ou plûtost la securité de ce Iesuite : on dira sans doute qu'il s'expose bien de parler de la sorte: bagatelle, il faut bien qu'il soit assuré de son baston, puis qu'il dit à ceux qui souffrent de pours uivre les Droictz du Roy à leurs propres frais, qu'il l'empeschera.

On a balotté ledit Sr. Dumas, si long temps & d'une si estrange maniere qu'on feroit par terre le Voyage des Iudes, des pas & des Courses qu'il a faittes pour cette affaire.

Que quelqu'un s'avise apres cela quand il aura découvert quelque droit pour le Roy, d'en porter les titres au P. de la C.....

Te Sieur Pinsson Advocat qui a fait plusieurs Ouvrages pour les Droitz du Roy, ayant découvert celuy que sa M. a de Nommer au Prieuré de St. Felix, comme estant Conventuel Electif de l'Ordre de St. Augustin, & en ayant obtenu le Brevet pour un de ses Fils: Un nommé Be-

 raut

raut ou Bertaut, qui avoit esté recommandé par les Jesuites de Lyon, ayant paravance les Provisions de l'Abbé de St. Ruf, le P. de la C.... fit donner encor à ce denier un Brevet pour pour le mesme Benefice, La mesme chose a esté faitte pour le Prieuré d'Anglefort en Bresse, dont le Sieur Reydelet à present Curé de Nantua, estoit premier Brevetaire : ainsi le P. de la C...., outre l'Injustice qu'il fait à ceux qui découvrent des Droirz pour le Roy, engage S. M. à des Variations contraires à cette grande Egalité d'Ame, qui éclatte en routes ses Actions, & laquelle parmi ses autres grandes Qualitez, le distingue de tous les Monarques.

On fait prendre ces seconds Brevetz afin que le dernier Brevetaire, lequel est tousjours appuyé par le P. de la C.... ait part au gasteau, & tire plume ou aisle du Benefice: Aussi il arrive tousjours que le premier pourveu est ou obligé de ceder le Titre, ou de donner une grosse pension,
com-

comme a esté contraint de faire le Curé de Nantua sur le Prieuré d'Anglefort.

Le Sieur de S. George Comte de Lyon, s'entretenant vn jour auec le P. de la C..... & estant venu à parler du Prieuré de S. Morcel les Chalons qui vaut dix mille livres de rente le P. de la C.... luy dit que le Comte de Varennes qui le possedoit & qui estoit alors dangereusement malade, feroit fort bien d'en disposer, car s'il mouroit sans le resigner, infailliblement le Roy y nommeroit : en suitte duquel advis ledit Prieuré a esté resigné. En effect le Roy a droit de nommer à ce Benefice comme estant une veritable Abbaye fondée par Gontrand Roy de Bourgogne : Ainsi la Résignation qui en a esté faite r'á pu prejudicier au Droitz du Roy : le Jesuite n'y a point eu dégard.

Un Jesuite a dit au Sieur de Mailly Religieux de S. Victor les Paris, que l'on avoit presenté au P. de la C..... plus de douze placetz pour cette affaire, avec offre de poursuivre le Droit du Roy. On laisse à penser si le Pere de la C..... fait voir ces sortes de Placetz à sa M. & s'il ne les fait pas voir? n'est il pas évident qu'il trahit par cette suppression les Interestz du Roy son Maistre.

Le Sieur Chevallier Religieux de St. Victor, ayant fait presenter au P. de la C..... la fondation du Prieuré de Vieilbrioude, dans laquelle il est porté en termes exprés, que ce Benefice est une veritable Abbaye, & que les Chanoines Reguliers qui y doivent estre au nombre de vingt, éliront leur Abbé: par ou il conste que ce Benefice est Electif, & partant de la Nomination du Roy, le P. de la C..... n'y a point voulu entendre.

Le bon Homme tient pour maxime & le pratique, que le Roy doit avoir nommé du moins une fois à un Benefice pour y pouvoir establir son droit de Nomination. On laisse juger aux habiles gens, des Conséquences de cette Maxime.

Le

Le Sieur Chaſtain ayant mis en lumiere *LA VERITABLE Explication du Concordat*, qui fait voir que le Roy a droit de Nommer à un tres grand nombre de Priuerez ou S. M. ne nommoit pas, Ouvrage approuué par dix Avocatz du Parlement de Paris, & S. M. ayant nommé des Commiſſaires pour l'examiner, Le P. de la C..... voyant que ce Livre alloit contre l'Intereſt des principaux Collateurs, auec les quels, c'eſt pour luy un point de Religion de ſe mesnager, il a fait échoüer cet affaire par les cruelles perſecutions qu'il a tousjours faittes à l'Autheur, & par de longueurs concertées avec M. de Paris, les quelles l'ayant épuisé l'ont enfin obligé de ſe retirer.

Le Sieur Bocager Profeſſeur de Droit, ayant eu communication de cet Ouvrage, & voyant de mesme que le P. de la C..... qu'il donnoit atteinte à la Poſſeſſion des plus puiſſantz Collateurs du Royaume, n'oſa point dans cette vûe joindre ſon Ap-
pro-

probation à celles des Srs. Doujat, Patru, Puiſſon, Chuberé, Gueret & autres, mais fit dire par le Sieur de Bar audit. Chaſtain que cet affaire eſtoit bonne & qu'il la pourſuivit hardiment & ſans relaſche.

Deux Religieux Benedictins ayans lu ce Livre qui decouvre un grand nombre d'Abbayes, ſous pretexte qu'elles ont eſté ſoumiſes à des Abbayes Majeures, ſe trouvent à preſent contre le propre Tiltre de leur fondation, & ſans le Concours des deux Puiſſances Eccleſiaſtique & ſéculiére reduites en Prieurez, ces deux Religieux ayant penetré les Conſequences de cet Ouvrage qui fait voir que le Concordat donne au Roy la Nomination de ces ſortes de Benefices, dirent au ſieur Methuras Libraire? Que ſi l'Autheur leur euſt communiqué ſon Manuſcrit avant que de l'Imprimer, ils luy auroyent donné dix mille francs pour ne le pas mettre ſous la preſſe.

Sur quoy il eſt important a S. M. de ſavoir que cet Ouvrage eſtant Im-

imprimé ledit Chaſtain a eſté plus
d'un an ſans pouvoir parvenir à le preſenter à Saditе M. Que s'eſtant pour
cela addreſſé trois fois au Duc de
Noailles Capitaine des Gardes avec
lettres de Recommandation du Sieur
du Bouchet ami dudit Duc, il ne
voulut jamais le preſenter, mais des-
peſcha l'Abbé de Noailles, ſon frere,
du depuis Evesque de Cahors, pour
prier ledit Sieur du Bouchet de ſe de-
partir de la protection qu'il donnoit
audit Chaſtain, & luy dire, que quoy
que cet Eccleſiaſtique puſt faire, ou
eſcrire à l'advantage du Roy, que
c'eſtoit peine perdue, parce que le P.
de la C.... rendroit tous ſes travaux
inutiles.

Le Sieur de Scrignan Major des Gar-
des a dit la mesme choſe audit Sieur du
Bouchet & à Madame ſa femme.

Sur quoy il eſt important que le
Roy ſache, qu'un Jeſuite a dit au Sieur
le Clerc Chanoine de Belay, reſidant à
Paris pour affaires, que ledit Chaſtain

stain avoit par son Ouvrage decouvert
& establi un droit tres avantageux
à S. M. mais qu'il s'estoit perdu, ayant
attaqué les Puissances lesquelles avoyent remonstré au P. de la C..... le
grand Prejudice que ce Livre leur
feroit.

Ledit Sieur le Clerc ayant un jour presenté un memoire à ce Jesuitte qu'il n'a
pas voulu nommer, par lequel memoire
il proposoit de concert avec ledit Chastain
quelque chose d'advantageux pour le Roy;
Ne vous joignez point à cet homme là?
luy dit ce Jesuite tout troublé d'entendre
nommer ledit Chastain, c'est un homme
qui s'est perdu, nous n'oserions ouvrir la
bouche pour luy. J'ay veu son Ouvrage,
c'est vn habile homme, Je le plains, Il a
decouvert un Droit tres avantageux
pour le Roy, mais il s'est perdu sans res-
source, ayant attaqué les Puissances. Ces
Messieurs les Collateurs, ces gros Abbés
viennent tous les jours crier au P. de la
C..... contre le Livre qu'il a fait, ne
me

me parlez point de cet homme là, c'est
homme qui s'est perdu.

Avant cela le sieur Renaud Secretaire de
M. de Mayson avoit donné de la part dudit
Chastain au sieur Julien Jesuite, une fondation qui decouvroit le Droitz du Roy sur
un nombre Considerable de Prebendes : laquelle fondation ledit frere Julien, ayant
a la recommendation dudit Sieur Renaud
presenté au P. de la C..... il luy dit de
mesme qu'il ne luy parlast point de cet
homme là, qu'il s'estoit perdu par l'
Ouvrage qu'il avoit fait.

Nouvelle & Inouïe maniere de se perdre?
Louis le Grand qui a fait de si belles
expeditions pour ses alliez, fait il qu'un
de ses sujetz se soit perdu en écrivant
pour ses Droictz & pour ses Avantages?
non sans doute il ne le fait pas.

Il est encore important que le Roy
apprenne que le Sieur Pommereu,
Prevost des Marchands, estant un
jour chez M. De Paris & ayant veu
sur la table ce Livre de l' Explication
du Concordat, ce Prelat luy dit que

cet

cet Ouvrage estoit bon , mais que l
Autheur avoit fait des Vers qui luy
faisoient du mal.

Ce'stoit une requeste en Vers que l'Autheur avoit adressée au Roy, Intitulée La Mort deterré ou Droict de Momination à un Benefice Ressuscité. L'Autheur pourveu d'un Benefice Considerable auquel Il faisoit voir que le Roy avoit Droit de Nommer ne pouvant obtenir des Commissaires par l'obstacle que le Pere de la C... y faisoit, s'avisa de faire cette Requeste en vers, qui fut lue jusques dans la Chambre du Roy: ce qui irrita si fort le P. de la C.... qui s'y crut designé : qu'il a du depuis fait la guerre à feu & à sang à l'Autheur. On a creu devoir icy mettre cette Requeste tant pour divertir le Lecteur, que pour le faire Juge des Ressentimens de ce bon Pere.

Mort

Mort Déterré,

ou
Droit de Nomination à
un Benefice Reſuſcité.

Au Roy.

JE ſuis un de vos Droitz contre le-
    que l'on gronde,
De ce qu'il s'en va droit à Voſtre
    Majeſté,
Qui depuis peu de temps, eſtant res-
    ſuſcité,
Vien dire ce qu'on dit, de Vous en l'au-
    tre monde.

On y fait un grand bruit, Sire, de vos
    Exploitz:
Les bords de l'Acheron en reſonnent
    ſans ceſſe,
Mais on y dit encor, & ce bruit m'in-
    tereſſe,
Qu'aucun Prince ne fuſt plus Jaloux
    de ſes Droitz.

                  C'eſt

C'et agreable bruit flattant mon Es-
    perance,
M'a fait tout d'un plein saut sortir de
    mon cercueil,
Et jay cru tout enflé d'alegresse &
    d'orgueil,
Qu'estant un de vos Droitz , vous
    prendrez ma defense.

Je viens donc ô Grand Roy, pour vous
    representer,
Qu'ayant heureusement recouvert la
    lumiere,
Je me verray contraint de rentrer dans
    ma biere,
Si Vostre Majesté ne daigne m'es-
    couter.

Je ne demande pas vne longue Au-
    dience,
Je me garderay bien de me rendre en-
    nuyeux,
Je sçay qu'un deterré choque tous-
    jours les yeux,
Et qu'on ne peut souffrir son affreuse
    presence.

Je B

Je voudrois seulement devant vous
  souftenir,
Que le temps ne peut point contre vos
  Droitz preferire,
Et quoy que j'aye esté long temps sans
  me produire,
Que j'ay tousjours l'honneur de vous
  appartenir.

Que quand tous les Prelatz de la Machine Ronde,
Se feroyent assemblez pour mon en-
  terrement,
Cela ne me sauroit faire un empes-
  chement,
Et que i'ay tousiours droit de revenir
  au monde.

Je reviens donc, Grand Roy, pour
  vivre fous vos Loix,
Et pour ne plus entrer dans mon noir
  Cimetiere,
J'espere de jouïr long temps de la lu-
  miere,
Si je voy le Soleil feulement une
  fois.

Que si l'on ne voit point de Morts
    dans noſtre Hiſtoire,
(Quannd ils ſont enfermez au Cer-
    cueil,) huit cent ans
Qu'on ait pu par apres faire vivre
    long temps,
C'eſt à vous que les Dieux reſervoyent
    cette Gloire.

Mais ie viens de quitter le fil de mon
    diſcours,
(J'ay dit en abordant que je conte-
    rois, Sire,
Ce qui ſe dit de vous dans le funeſte
    Empire,)
Lors qu'un ſot Intereſt en a rompu le
    cours.

L'Intereſt gaſte tout, quelque part
    qu'il ſe meſle,
Imputez à luy ſeul, mon Incivilité,
Je le quitte & vais dire à Voſtre Ma-
    jeſté,
Ce que ſur l'Acheron, les paſſans
    diſent d'elle.

             Charron.

Charron le vieux Nocher, s'il se presen-
    te un mort,
Il le fait promptement entrer dans sa
    Nacelle,
Mais il luy fait conter, toujours quel-
    que nouvelle,
En attendant qu'il l'ait conduit à l'au-
    tre bord.

Ce vieillard curieux, ayant seu de la Par-
    que,
Que vous étiez dispos, fort, jeune & vi-
    goureux
Et que d'ailleurs icy, tout va selon
    vos vœux,
Ne croit pas que jamais, Vous entriez
    dans sa Barque.

Du moins n'esperant pas, de vous voir
    de long tems.
Il demande, étonné du bruit de vos
    conquêtes.
Comme vous êtes fait, & qu'el hom-
    me vous êtes,
Et si vous n'avez pas, encor quarante
    ans.

On luy dit quel'on voit en vous un air
    de maitre

Et d'homme qui n'est né que pour
    donner la loy,

Et que si par malheur vous n'aviez pas
    été Roy,

Tout le monde auroit dit, que vous le
    deviez être.

Que quand le ciel vous fit, il voulut af-
    sembler,

Avec la Majesté, la Douceur & la
    Grace,

Et faire remarquer dans une mesme
    place,

Quelque chose qui nous plaist, & qui
    nous fait trembler.

On luy raconte encor que chacun vous
    admire

Que vous êtes Guerrier, Pieux, Galant
    secret,

Fier, doux, vif, moderé, sage, actif &
    discret,

Et c'est ce que Charon n'a jamais ouï
    dire.

Qu'en-

Qu'enfin on voit en vous un Abregé
  des Cieux
Qu'en vous confiderant, l'Esprit hu-
  main s'étonne;
Et que l'on n'a qu'à voir vôtre Augus-
  te Perfonne,
Pour fe reprefenter l'Affemblee des
  Dieux.

Voila ce que l'on dit au tenebreux Em-
  pire!
Mais comme ce feroit, un Imparfait
  recit,
De parler feulement de ce que l'on
  y dit:
Et que ce que l'on y voit, fe doit encor-
  re dire.

Je diray donc qu'on voit là bas pour
  leurs fortans,
Trois fameux Criminels fans ceffe à la
  torture,
Qui dans les divers maux que chacun
  d'eux endure,
Sont de vos tourmens, les fideles por-
  traits.

b 2

Un

Un de ces Criminels roule une lourde
  roche,
Sans prendre du repos, ny la nuit ny le
  jour;
Un autre voit son cœur dechiré d'un
  vautour,
L'autre veut prendre un fruit qui fuit
  quand on l'approche.

Ces pauvres malheureux font bien
  tous leurs efforts,
Pour se pouvoir tirer d'une si rude ge-
  henne,
Mais ils verront durer leur supplice &
  leur peine,
Tant que le noir Pluton regnera sur les
  morts.

Ainsi vos Ennemis, roulent quelque
  machine,
Ou courent follement, à quelque fruit
  trompeur:
Ainsi le repentir, leur dechirant le
  cœur,
Comme un cruel Vautour les devore
  & les mine.

On-

On voit encor là bas un ennuyant
    Tonneau,
Le supplice Eternel des pauvres Dan-
    aïdes,
Dont les seaux sans repos , tantost
    pleins, tantost vüides,
Versent dans un Poinſſon, qui ne peut
    tenir d'Eau.

C'eſt là le vray portrait, des Provin-
    ces Unies,
Qui verſent à plein ſeaux, l'or chez vos
    Ennemis,
Mais cet Or ſans effect, le Ciel l'ayant
    permis,
Se perd tout dans les mains, de ces ſales
    Harpies.

Voila ce qu'aux Enfers, on void de cu-
    rieux,
Mais quoy que l'on y voye, & qu'on
    entende dire,
Agréez qu'inſtamment, je vous con-
    jure, Sire,
De ne m'envoyer plus dans ces funeſ-
    tes Lieux.

J'aimeray bien mieux voir les beaux
    jeuz de Versailles,
Que les mortelles Eaux du fatal
    Acheron.
Les Barques du Canal, que celles de
    Charon.
Et pour des noirs Rochers, des plai-
    santes Roquailles.

J'aimeray bien mieux voir cet ayma-
    ble sejour,
Que des lieux Soustetrains, Lugubres
    & funebres,
Et pour l'Affreux manoir du Prince de
    Tenebres,
Contempler le Palais du bel Astre du
    Jour.

Ah! que ie trouverois douce ma desti-
    née ?
Que ie serois heureux s'il, mais o ru-
    de sort !
Apres m'estre tiré des griffes de la
    Mort
Helas ie suis tombé dans les mains
    d'une Fée.

Vne

Une * Fée O Grand Roy me pourſuit
  en tous Lieux,
Elle m'obſerve ſeul, m'obſerve en
  compagnie,
Et pour m'inquieter & faire haïr la
  Vie,
Suſçite contre moy Faunes & demi-
  Dieux.

* Madame de la Fayete, au fils de laqu'elle
  M. le Cardinal de Bouillon avoit
  conferé ce Benefice que l' Autheur
  faiſoit voir dependre de la Nomination du Roy.

Quelque part que le ſort ou le deſſein
  me meine,
Cette Fée auſsi toſt s'oppoſe à mes
  Deſirs,
Et ſa veüe aux Heros la ſource des
  plaiſirs,
Eſt mal heureuſement, mon ſupplice
  & ma peine.

                Elle

Elle a sur tous les Dieux, un pouvoir
   nompareil,
Mars, Themis, Apollon, reverent son,
   Genie,
Helas ne dois-ie point craindre que sa
   Magie,
Ne me donne la mort, me privant du
   Soleil.

Quoy qu'en effect je suis, aussi droit
   qu'une quille
Cette Fée obtiendra par ses discours
   Charmans,
Par ses Magiques Airs, pas ses Enchan-
   temens,
Que ie paroîtray fait tout comme
   une faucille.

Mais, Grand Roy, comme rien ne
   peut tromper vos yeux,
Qu'ils penétrent aysement la plus fine
   Imposture,
Vous verrez bien d'abord observant
   mon allure,
Que je ne suis courbé, que pour estre
   fort vieux.

Je

Je le suis sans mentir, & ce qu'on ne
    voit gueres,
Je n'ay pour m'appuyer, ni crosse ni
    baston,
Deplus un medecin, me dit hier tout
    de bon,
* Que la Calotte m'est extrememement
    contraire.
* M le Cardinal de Boüillon.

Mais ie pourray marcher le Cerveau
    Decouvert,
Sans craindre d'estre atteint de Rhu-
    me & de Caterre,
Sans craindre le serein, ni mesmes le
    Tonnerre,
Si vostre Majesté me veut mettre à
    Couvert.

Cependant si vos Droitz sont obligez
    de prendre,
Pour arriver chez vous, un ennnyeux
    Detour,
Croyez que de tous ceux qui sont sur
    leur retour,
A peine en verrez vous un qui s'y pu-
    isse rendre.   b 5   Je

Je suis sur mon retour, & je suis seul
  Grand Roy,
Que si vous ne prenez le soin de me
  deffendre,
Je vay me joindre aux Droitz que vous
  avez en Flandre,
Ainsi vous vous mettrez en Campa-
  gne pour moy.

Mais si vous vous laissez flechir à ma
  priere,
Et que vous promettiez de me donner secours,
Sire, je vous prometz que dans moins
  de huict jours,
Plus d'un cent de Droitz morts sorti-
  ront de leur biere.

*Quelque temps apres l'Autheur fit pa-
rêtre une Epitaphe, dans laquelle il indi-
quoit que ce Droit avoit succombé sous
l'autborité de M. le Cardinal de Boüillon,
qui par la Collusion du Pere de la C.....
avoit empesché que l'Autheur n'eust point
de Commissaires, faute de quoy ce Droit
estoit mort : l'Autheur estant trop foible
pour*

*pour le soustenir contre cette Eminence
dans une Justice reglée.*

Epitaphe.

CY gist un Droit du Roy, qu'on à
long temps cherché,
Et qui bien plus long temps avoit esté
caché,
Le sort l'a mis à bas, d'un coup de Cha-
peau Rouge:
Helas le voila qu'il ne bouge!
Un Prêtre studieux l'avoit Ressus-
cité,
Et si ce malheureux eust esté presenté
Aux rayons du Soleil l'espace d'un
quart d'heure,
Pour se purger de l'air de sa sombre
Demeure,
La mort ne l'auroit point soumis à son
pouvoir,
Cet Astre l'eust sauvé par sa seule pre-
sence,

				Mais

Mais malheureusement une haute
   Eminence,
A fait que le *Soleil* n'a jamais pu le
   voir.

*Voila donc les vers que M. De Paris dit
au sieur de Pomereu , Prevost des Marchands, qui faisoyent du mal au Livre de
l'Explication du Concordat.*

*Cet evenement doit desormais faire va-
loir le Parnasse à la Cour , & venger les
Poëtes du peu de consideration que l'on a
pour eux , puis que la Poësie dont on fait si
peu de cas, a pû empescher le Jugement d'u-
ne affaire de cette Consequence.*

*Admirons cependant l'Ingenuité & la
fidelité tout ensemble de M. l'Archevesque
de P.... : il s'agissoit dans ce Livre d'un
Droit tres avantageux pour le Roy, S. M.
apres que l'Autheur eust eu l'honneur de le
luy presenter , l'auroit donné à ce Prelat
pour l'examiner , comme il a dit luy mesme à l'Autheur, il advoüe que l'ouvrage
est bon, mais l'Autheur a fait des vers qui
luy font du mal, On prie le Lecteur de dire
de*

de quel nom cela se doit appeler. Mais re-
prenons le fil de nostre Memoire.

Il est aussi important de faire savoir à S. M. que Sieur de Villiers-
courtin ayant esté chez M. de Paris
pour apprendre son sentiment sur cet
Ouvrage, ce Prelat luy dit, qu'il estoit
tres bon, & le Droit du Roy sur
quantité de Benefices ou S. M. ne
nommoit pas, tres bien establi; de sorte que le Marquis de Villiers au sortir
de là, dit au Sieur de Seigle Religieux
du Temple, que du ton que Mr. de
Paris luy avoit parlé, il ne doutoit
pas que cette affaire ne reüssit.

Il Importe que sa M. sache que ce
Prelat a dit la mesme chose à Madame la Marquise de Mailly touchant
ce Livre.

Nonobstant tout cela, ce Prelat, (tant
est grande la force de la Symphathie qu'il
à avec le P. de la C....,) na jamais
voulu dans le Cours d'une année, donner
le bureau & assembler les autres Commis-

b 7

faire,

38

faires, pour juger une affaire qu'il avoit declarée luy mesme tres avantageuse à S. M.

On est obligé en passant de faire Justice à M. de Bezons Conseiller Ordinaire d' Estat, & dire qu'il n'a pas tenu à luy qu'on ne l'ait faite au Roy, en jugeant cette affaire, car il a esté cinq ou six mois prest à la rapporter, & a sollicité M. l'Archevesque de Paris en presence de l' Autheur de vouloir donner jour pour cela.

Ce Prelat quand il voyoit que M. de Bezons estoit occupé à la Chambre de Justice, ou que le Roy estoit à la veille d'un voyage, ou le Pere de la C.... devoit suivre, il disoit qu'il estoit tout prest, mais lors que ces obstacles estoyent levez, il en faisoit naistre d'autres.

Il importe encor à S. M. de savoir que l'Autheur a donné plusieurs Placetz, par lesquels il offroit d'estre mis dans une prison perpetuelle, s'il ne prouvoit par des raisons & des témoignages invincibles, ce qu'il avançoit dans son Livre.　　　　*Ce*

*Ces Placetz n'ont eu garde d'aller jus-
qu'au Roy, car la Cour est un pays ou quelque bonne affaire que l'on y propose, on ne
sauroit en Cent ans avancer d'un pas si l'on
n'est conduit par un Patron, comme quoy
dont auroit pû l'Autheur aller à ses fins, luy
qui proposoit une affaire que les Patrons
avoyent Interest d'éloigner.*

Ainsi nonobstant tout ce qui a esté
dit cy dessus, c'est à dire, nonobstant
l'Approbation de dix Avocatz en faveur de ce Livre.

Nonobstant l'ordre que S. M. avoit
donnée il y avoit deja plus d'un an, à
des Commissaires de l'Examiner.

Nonobstant l'aveu de M. de Paris
& d'un Jesuite qui ont declaré que ce
Livre estoit bon & advantageux pour
S. M.

Nonobstant les Placetz de l'Autheur par où il promettoit sous peine
d'une prison perpetuelle de preuver ce
qu'il avançoit dans son Livre.

Nonobstant qu'il eust respondu
aux Objections que M. de Bezons luy

avoit

avoit faites, & qu'il fit offre de respondre à toutes celles qu'on luy pourroit encore faire.

Non obstant qu'il ne fallût qu'une matinée pour juger cette affaire, dans laquelle il s'agissoit d'un Droit que l'Autheur auroit fait voir s'étendre à un tres grand nombre de Benefices.

Nonobstant que le P. de la C..... eust dit luy mesme au Sieur Abbé de Teligni, Chanoine de la S. Chapelle, que plusieurs s'avoyent fondé là dessus à qui il n'avoit point voulu s'ouvrir, mais que S. M. ayant un tres grand Interest dans cette affaire, elle se jugeroit.

Non obstant tout cela elle a êchoüé par la perfidie & la lacheté de ce Jesuite, qui quoy qu'il soit comme l'Avocat du Roy & le Promoteur de ses Droitz dans les Afaires de Benefices, n'a jamais voulu qu'elle se Jugeât, ayant eu plus d'egard aux remonstrances des Personnes qui y estoyent Interessées, qu'aux avantages du Roy son

son Maiſtre, & ayant dit luy meſmes
audit Chaſtain, que le Roy ne vouloit
troubler perſonne & qu'il falloit que
ce Droit Dormit : ce qui a fait que
l'Autheur a abandonné cette affaire &
s'eſt retiré.

Le Lecteur s'attendra, ſans doute, à
voir icy éclatter quelque Invective,
point du tout , mais comme c'eſt ſe
mocquer des gens de vouloir faire a-
croire que le Roy ſoit un Prince à laiſſer
dormir ſes Droitz, & qu'il y a bien plus
d'apparence, qu'ils s'endorment par la
molleſſe du P. de la C....., c'eſt ſur cette veritable cauſe de leur Aſſoupiſſe-
ment que l'Auteur à fait les Vers
ſuivans.

Au Roy.

GRand Roy tout le monde s'é-
tonne,
Et ce n'eſt pas ſans fondement,

De

De voir que les beaus Droitz que l'E-
glise vous donne,
Paroissent assoupis, & sont sans mouvement.
La Cause dans ces Vers, vous en sera
connües
Cette Chaize sur quoy le Destein
les a mis,
Est extremement molle, & jamais ne
remüe:
Ainsi vos Droitz s'y sont à la fin en-
dormis.

Il n'y a pas lieu de s'estonner que
cette Afaire, toute avantageuse qu'elle
estoit pour le Roy, ait malheureusemét
échoüé : le Droit de S. M. avoit trop
d'ennemis à combattre, car il s'y trou-
voit trop d'Interetz opposez aux Interetz du P. de la C.....

Ce Livre fait voir que le Roy doit,
par les termes du Concordat, nommer
Absolument & sans Restriction, à tout ce
qu'est Monastere Abbaye : or il y a en
France mille Benefices de cette natu-
re, ausquels les Principaux Collateurs
sont

sont en possession de Nommer, comme à des Prieurez , de la nomination desquels ils auroyent esté privez par le succez de cet Ouvrage.

Le Pere de la C...... qui doit favoriser toutes les Découvertes que l'on fait pour les Droitz de S. M. particuliérement, quand elles se presentent munies d'Approbations, estoit ennemi de l'Autheur, parce qu'il se pretendoit offensé par ses vers, & parce que le bon Pere, étant, comme tout Paris sçait, un Ignorant dans les Droitz du Roy & tres peu habile à les soûtenir, c'est luy faire un mortel déplaisir de l'Engager par des nouvelles Découvertes, en des Discussions qui peuvent découvrir son foible.

D'ailleurs il est Jesuite, c'est à dire Politique, si bien que luy presenter quelque Afaire qui choque l'Interêt des Puissances c'est luy susciter des querelles contre ses amis & l'obliger à faire la guerre à ses Alliez.

Ainsi le Roy a esté sacrifié , *mais comme*

comme M. l'Archevesque de P.. . est
Grand Prestre & grand Sacrificateur, il
étoit de sa Dignité, aussi bien que du Mere'
te de la Victime, qu'il presidât au Sacri-
fice.

Avant que de se retirer, ledit Cha-
stin avoit escrit deux lettres au P. de la
C..... lesquelles on a mises icy comme
étant de l'Essence & de l'Integrité de
ce Memoire.

Mon Reverend Pere,

J'ay sceu qu'un Jesuite à dit que mon
Ouvrage estoit bon, & que j'avois decouvert un Droit tres Avantageux
pour S.M. mais que je m'estois perdu
ayant échoüé par la rencontre des
Puissances que j'avois attaquées. J'ay
encore seu que ces mesmes Puissances,
qui paroissent si Redoutables à ce
bon Pere, avoyent remontré à V. R. le
grand desordre que feroit mon Livre, si l'on y avoit egard; sur quoy mon
R.P. je me vois obligé de dire à V R.
que le discours de ce Religieux & let-
re-

remonſtrances de ces Puiſſances Iu-
tereſſées , m'ont découvert un grand
Myſtére.

Cela veut donc dire en bon François, que bien que ſelon la Veritable
Explication du Concordat, le Roy ait
Droit de Nommer à un tres grand
Nombre de Prieurez où il ne nommoit pas, les Egars & la Politique
veulent que ce livre ſoit étouffé, &
qu'il n'y ait point de Juſtice pour S. M.
parce qu'elle a à faire contre des Puiſſances.

Et cela veut dire auſſi, qu'encor que
j'aye travaillé avec beaucoup de fati-
gue & de peine à découvrir & à éta-
blir un Droit tres avantageux à S. M.
je ne dois eſperer ni Juſtice, ni recom-
penſe de mon travail , parce que ce
Droit va contre l'Intereſt de quelques Puiſſants Collateurs.

Si nous eſtions, M. R. P. ſous le
Regne d'un Chilperic ou de quelque
autre de ces foibles Rois de la premiere Race, qui avoyent des yeux &
en

ne voyoient pas, des Oreilles & qui
n'éntendoyent pas, & qui enfin te
laiſſoyent raſer & confiner dans un
Cloiſtre : je croirois ſelon le ſenti-
ment de ce bon Religieux de m'eſtre
perdu, & J'aurois un juſte ſujet de craindre que le Party des Puiſſances ne
prevaluſt ſur celuy du Roy, mais par
la grace de Dieu, nous Vivons ſous
un Monarque, qui à des yeux pour
voir & de Oreilles pour entendre;
Et nous ſommes ſous le Regne d'un
Prince, qui étant jaloux de ſes Droits,
& qui voulant qu'on rende la Juſtice au
moindre de ſes ſujetz, n'aura garde de
ſouffrir qu'on la luy refuſe à luy meſme. Ainſi mon R. P. dans l'Etat ou
je voy les choſes, voſtre Religieux eſt
mal fondé de dire que je me ſuis perdu
en prenant le party du Roy contre les
Puiſſances, Et il y à bien plus de
fondement, de dire que l'on eſt dans
un evident danger de ſe perdre, en
prenant le pary contraire. Mais te
ne me contente pas de dire que le
Roy

Roy ne souffrira pas qu'on luy refuse
la Justice, & J'adjouste que si les
Egards qu'on pourroit avoir pour les
Puissances y apportent du retarde-
ment, je suis resolu d'en porter ma
plainte à S. M. & pour y parvenir j'ay
un moyen que la precaution de toutes
les Puissances Conjurées ne sauroit
empescher, Ainsi mon R.P. il n'y a
point à balancer, & puis que je demande Justice pour le Roy, il faut
qu'on me la rende, ou S. M. sera im-
mancablement informée des conside-
rations qui y font obstacle. Quoy
que cette lettre soit un peu forte, V.R.
n'en doit point être choquée, par
deux Raisons, la premiere, parce que
le Roy vous ayant commis pour
veiller à la conservation de ses Droitz
V.R. doit être bien aise de voir qu'il y
ait des gens qui concourent avec elle
dans ce glorieux dessein, & qui ayent
la resolution de soûtenir ses Droitz
contre toute sorte de Puissances: l'Autre Raison qui vous doit faire excuser

la

la liberté que j'ay prise de m'expliquer
de la sorte, est que si Messieurs les Collateurs Interessez voyent ma lettre,
comme il seroit à propos pour la dé-
charge de V. R. qu'ils la vissent, ils ju-
geront bien, s'ils sont tant soit peu
raisonnables, qu'elle n'a pû refuser la
justice à un homme qui la demande
pour le Roy, & qui ayant gemi pen-
dant trois ans sous la Tyrannie des
Egards, déclare hautement, qu'il ira
à quel prix que ce soit, faire connoi-
stre à S. M. la Ligue qui s'est formée
contre les Interêtz de la Couronne:
mais il est à croire qu'il ne sera pas
necessaire d'en venir là : & quoy que
je ne sois qu'une pauvre sentinelle qui
demande qui vive! que V. R. n'hesi-
tera pas à declarer qu'elle est du parti
du Roy. J'espere d'entendre bien tôt
cette juste Declaration de V. R. à qui
je suis avec un tres profond Respect. &c.

Mon

Mon Reverend Pere

J'ay appris que le Memoire que j'a-
vois escrit contre V. R. au lieu d'aller
au Roy, comme je l'avois creu, &
comme on me l'avoit fait esperer, est
tombé entre vos mains, il semblera
sans doute à ceux qui sauront cet accident de me voir êtendu sur le Carre-
au, à n'en jamais relever : En effect
qu'elle autre opinion peut on avoir
d'un homme qui ayant déja eu le
Confesseur du Roy pour aversaire, s'en
est fait par là un ennemi irreconcilia-
ble. Mais M. R. P. ce coup ne m'a
pas tant fait de mal que l'on pourroit
s'imaginer, il m'a, je l'avoüe, un peu
estourdy, mais il ne m'a point osté le
Jugement ni la Connoissance, & je
me souviens tout comme auparavant,
que je combatz pour les Interêtz du
Roy, & qu'ainsi je n'ay rien à craindre,
si bien qu'au lieu de lascher le pied pour
cette petite disgrace, je suis resolu mieux que jamais de poursuivre ma
pointe, & d'attendre la decision de

c   mon

mon affaire, Cependant M. R. P. Ce
Memoire doit, vous avoir donné fujet de faire quelques ferieuses Refle-
ctions: un coup fi hardy vous aura fans
doute fait connoiftre qu'une telle re-
folution n'a pû venir que d'un defefpe-
ré, mais comme vous eftes prudent &
fage, vous aurez auffi inferé de là, qu'il
ne faut point pouffer les gens au Defe-
fpoir. Si un Miferable qui rampe
fur la terre, à bien ozé l'adreffer & fe
heriffer contre V. R. devant qui toute
l'Eglife Gallicane flechit, vous aurez
jugé de là, que les petits opprimez par
les Grands , mettent tout en Ufage
quand ils voyent qu'on les veut perdre;
Enfin quelque violent que vous aít
paru mon procedé, vous aurez con-
clu en bon Philofophe , que le Droit
naturel permet à un chacun de fe de-
fendre, voila fans doute les Remon-
ftrances que la Raifon vous aura faites
pour la Juftification de mon Memoire. Mais la Religion vous aura bien
reprefenté d'autres chofes, fi vout
avez

avez voulu l'écouter. Sans doute
elle vous aura dit, qu'un Religieux éle-
vé par sa vertu & par son merite à
cette grande dignité de Confesseur du
Roy, ne doit point oprimer un pauvre
Ecclesiastique, & l'empescher d'avoir
Justice, que c'est une cruauté de le tenir trois ans à Paris pour le consumer
en frais, & que quand mesme il auroit
esté assez imprudent pour desplaire
en quelque façon à V. R. il est d'un
Chrestien, sur tout de ceux qui font
une particuliere profession de suivre
Jesus Christ, & qui se disent de sa
Compagnie, de pardonner les Offen-
ses. Elle Vous aura encore remonstré que comme il n'y à point d'acce-
ption de Personnes devant Dieu, que
vous ne devez point aussi avoir des
Egars au prejudice de vostre devoir &
de la Justice. Qu'il faut secourir les
foibles quand ils sont dans l'oppres-
sion & qu'ilse faut ranger de leur costé
quand l'Equité se trouve dans leur
cause ; voila sans doute ce que la Re-

c 2

ligion

ligion vous aura dit en ma faveur.
Mais quelque defference & quelque
docilité que vous ayez pour elle , je
crains que la Politique ne vous ait pas
permis de luy prester l'oreille: cette
meschante Conseillere vous aura dit
d'un ton severe & menaçant de vous
souvenir de la Leçon qu'elle vous à
donnée à l'entrée du Louvre, que
pour conserver vostre poste, il faut absolument complaire aux grands, &
ne les choquer en aucune maniere.
Que veritablement il faut soustenir
les Interêtz du Roy , quand on ne
rencontre en son chemin que de peti-
tes gens , qu'alors il faut faire grand
bruit, & marcher Enseignes desplo-
yées , mais qu'il faut se detourner &
filer doux, quand on rencontre des
Puissances. Qu'elle apparence donc
M. R. P. que vous eussiez voulu soustenir dans la personne d'un Pauvre
Ecclesiastique le Droit du Roy, contre des gens, qu'il vous est si important d'avoir pour amis : Que vous
eus-

euſſiez daigné proteger un Livre qui
quoy qu'avantageux à S. M. choque
l'Intereſt de vos Divinitez tutelaires :
certes il ne faut pas s'eſtonner , ſi depuis qu'il à veu le jour vous m'avez
fait ſi froide mine, c'eſt en effect vous
avoir rendu un meſchant office &
c'eſt vous avoir mis vous meſme ſous
la preſſe, que d'avoir fait Imprimer ce
Livre. Mais M. R. P. cette Politique qui vous recommande ſi fort de
vous ménager avec les Puiſſances,
pourroit bien peut eſtre vous donner
de mauvais Conſeils. On risque quelques fois pour ſe vouloir trop con-
ſerver, & l'on peut ſe perdre par trop
de precaution & de conduite : le Fils
de Dieu dit que celuy qui n'eſt pas avec
luy eſt contre luy, le Roy pourroit peut
eſtre bien un jour vous en dire de meſme. En effect mon Ouvrage faiſant
voir que S. M. à droit de Nommer à
un tres grand nombre de Benefices où
Elle ne nommoit pas, dix Docteurs ou
Advocatz y ayant donné leur Appro-

ba-

bation, offrant, comme je fais, de re-
pondre à toutes les Objections qui me
peuvent estre faites. M. de Paris ayant
dit à trois personnes de qualité que ce
Livre est bon, & S. M. pouvant par là
en estre Informée, est ce, je vous prie,
apres cela une bonne Politique à vous
de vous mesnager là dessus? d'estre
sans action & sans mouvement dans
une affaire de cette Importance ? Et
croyez vous qu'une pareille immobi-
lité soit le vray moyen de conserver
vostre poste? En bonne foy mon R.
P. si le Roy estoit informé d'un procedé si peu conforme au zele qu'il at-
tend des vous, croyez vous qu'il en fut
content ? Mais que diroit il s'il appre-
noit qu'un Jesuite a dit que mon Ouvrage est bon, que j'ay découvert un
fort beau Droit pour S. M. mais que
je me suis perdu en attaquant les Puissances ? Je vous demande à vous mesmes s'il vous plaist, l'Explication de
ces paroles, n'est-ce pas proprement
dire, que le Roy n'a personne qui ap-
puye

puye ſes droitz, puis que c'eſt ſe perdre,
que de travailler pour ſes avantages,
Vous me faites bien connoiſtre que la
choſe eſt ainſi, puis que du moment
que ce Livre à paru, vous m'avez fait
une auſſi cruelle guerre que ſi j'avois
voulu deſtroſner S. Ignace. En verité
M. R. P. je peux bien vous appliquer
ce Vers d'Ovide:

Exerces pretioſa odia & Conſtantia
   magno,   Dido Æneæ.

Et vous dire que vous exer-
cez une haine bien precieuſe & qui
couſte cher, puis que vous me haïſſez
aux deſpends meſme des Intereſtz du
Roy.

Mais on a beau écrire, on à beau prou-
ver que ce Jeſuite trahit les Intereſtz
du Roy ſon Maiſtre, le Pere en ſera
quitte, en diſant aux perſonnes que
l'on a citées, le contraire de ce qu'elles
ſavent. Car qui voudroit desobli-

ger le Confesseur du Roy, le Dispen-
sateur des Benefices Ainsi quoy qu'il
soit constant & indubitable que le P.
de la C..... est Traistre & Infidele à
S. M. il se tirera d'affaire & fera passer
ledit Chastain pour un Calomniateur
& un Visionnaire, tant il est vray qu'il
ne faut qu'estre dans un poste advantageux pour opprimer les gens! tant
il est vraique les Egars regnent
dans le milieu du Louvre, & ont
placé leur trône vis à vis de celuy du
plus Grand & du plus Absolu des Monarques.

Au Roy.

UN de vos Droitz grand Roy, s'en
va perdre la vie,
Par le funeste trait qu'a decoché l'en-
vie,
Ce droit si bien acquis, si fertile & si
beau,
Sera bien tost reduit dans un triste
tombeau,
Et soumis au pouvoir de l'Inhumaine
Parque;
Mais Il Vous fait savoir, Invincible
Monarque,
Qu'il souffre le trespas, avec grande
Douceur,
Mourant entre les Bras de Vostre
Confesseur.

Au Pere de la C.....

Sur ce qu'il se connoist en
Medailles & n'entend point
les Droitz du Roy.

Passage de S. Matthieu Chap. 22.

ET il leur dit, de qui est cette Image & cette Inscription? Ils luy disent de Cesar. Mais il leur dit, rendez donc à Cesar ce qui est à Cesar.

Encorqne vous soyez, un fort grand
Antiquaire,
Vous ne sauriez Reverend Pere,
Entendre & pratiquer ce que JESUS
prescrit,
Dans le passage sus ècrit.

Faire pour vostre Roy, quelque chose
qui vaille,
Chez vous, est l'effet du hazard,
Que sert de d'échiffrer laplus vielle
Medaille,
A qui vole & retient les Droits deus
à Cæsar.

On

On joint icy les

*Fragments d' une Satyre, que
l'Autheur avoit faitte contre les
Mœurs & Desordres des Cardinaux, qui ont beaucoup de rap-
port aux Memoires & Piéces
qui ont precedé.*

Stan-

Stances.

IE ne veux point prier les Muses, ni
    Minerve,
Ni mandier non plus les faveurs
    qu'Apollon,
Depart à ses Devots dans le sacré
    Valon,
Mon Indignation me servira de
    Verve.

A quoy bon d'Invoquer par d'inuti-
    les Vœux,
Le secours Impuissant de ces Dieux
    fabuleux,
Dont le Culte ne fait que nous rendre
    Coulpables :
Arriere & loin d'cy, fausses Divi-
    nitez ?
Que sert il d'employer vos songes &
    vos fables,
Quand on veut seulement dire des
    Veritez.

Loin

Loin encore d'icy vaines fleurs d'
    Eloquence,
Qui defigurez tout avec vos Orne-
    mens,
Mon sujet ne veut point de vos De-
    guisemens,
Il suffit de parler icy comme l'on
    pense.
Pour pousser bien avant le poignard
    dans le sein,
Faut il musquer le fer? faut il orner
    la main?
Est ce par ces Apprectz que l'on oste
    la vie?
Ces Embellissementz assenent ils le
    Coup?
Pourquoy donc s'exprimer avecque
    Melodie?
Quand de toute sa voix, on veut crier
    au Loup?

Point

Point encor de Respect, & point de
    flatterie,
On ne doit de l'encens qu'a la seule
    vertu,
Le vice quoy qu'il soit de pourpre
    revestu,
Est l'object de la haine & de la Ra-
    illerie,
Il le faut attaquer sous quelque habit
    qu'il soit,
Ne l'espargner pas plus sous un super-
    be toit,
Que s'il estoit dessous une pauvre
    Chaumiére:
Les Juifs estantz si sotz, que d'adorer
    un veau,
Moyse l'abbatit & le mis en pous-
    siére,
Quoy qu'il fust d'un Metal & tres fin
    & tres beau.

Ainsi

Ainſi Peres Conſcripts, quoy que vos
   Eminences,

Se faſſent adorer, & que vos Chapeaux platz,

Se ſoyent mis au deſſus des Mitres des
   Prelatz,

Et tiennent le haut bout, en toutes les
   ſeances,

Quoy que vous pretendiez vous éga-
   ler aux Roys,

Cette ſatyre va vous donner ſur les
   doigtz,

Et mettre vos Chapeaux en forme
   encor plus platte:

Elle va de vos mœurs faire un hideux
   tableau,

Et voſtre Chaperon de ſoye & d'Ecar-
   latte,

Doit eſtre vergeté comme un autre
   Chapeau.

Vous

64

Vous voyant élevez au faite de
    l'Eglise,
Et perchez auffi haut que le Coq d'un
    Clocher,
La Curiofité má pris de recer-
    cher,
D'ou vient cette hauteur qui caufe ma
    furprife.
Apres avoir bien leu, mes Livres m'ont
    appris,
Qu'autres fois vos Chapeaux eftoyent
    de peu de pris,
Qu'a Rome vous n'eftiez, que petits
    Commiffaires,
Qu'on avoit difperfez par Quartiers
    feparez,
Que vos Palais d'alors eftoyent des
    Presbyteres,
Et qu'enfin vous néftiez que de fim-
    ples Curez.

Que

Que quelques uns de vous côferoyent
    le Batesme,

D'autres avoyent le foin d'enfevelir les
    Morts,

Ah? vous m'allez priver des Celeftes
    Threfors?

Vous allez contre mey fulminer Ana-
    theme?

Tout beau, ne grondez pas Peres? ces
    faintz Exploits,

Que vos Predeceffeurs s'adonoyent
    autrefois,

Ne doivent du tout point vous don-
    ner de la honte,

Ce recit eft mal pris pour un fujet
    d'ennuy,

Il eft bien plus honteux pour vous fi je
    raconte,

A quoy les Cardinaux s'occupent au-
    jourdhuy.

                              Mais

Mais avant que d'entrer dans cette am-
ple matiere,

Il est de la grandeur de Voftre Dignité,

Qu'on fache les travaux qu'elle vous à
coufté,

Et combien de circuits elle vous a
fait faire,

Il faut dire qu'avant que d'avoir ce
Chapeau,

Il vous a maintes fois échauffé le
Cerveau,

Que fouvent il vous a fait faire la Co-
urbette,

Et l'on peut inferer de vos defirs ar-
dentz,

Que vous euftes longtemps ce bonnet
rouge en tefte,

Avant que vous euffiez mis la tefte de-
dans.

Helas

Helas combien de maux , & combien
de Fatigues ?

Cet éclattant Chapeau vous a-t-il
fait souffrir ?

Combien avez vous fait de pas pour
découvrir,

De vos competiteurs les secrettes In-
trigues ?

Le sort vous a cent fois suscité des Jaloux,

Cent fois se jouant d'eux aussi bien que
de vous,

Il vous a tous livrez à la merci d'un
Cercle,

Cent fois au Vatican comme dans un
Tripot,

On vous a ballotez & pour ce cher
Couvercle,

Cent fois on vous a fait tourner autour
du pot.

Il ne faut pas douter que dans la douce
attente,

De vous voir possesseurs de ce Gradé
Eminent,

Vous n'ayez de bien prés , du Neveu
dominant,

Observé quelle estoit & l'humeur &
la pente:

Si son Coeur pour les biens eust de
l'avidité,

Vous avez satisfait à sa cupi-
dité :

Ou bien si quelque amour occupoit
sa pensée,

A Rome on sait tres bien l'Histoire de
Jason,

Et l'on n'ignore pas qu'il faut gagner
Medée,

Quand on veut sans faillir emporter
la Toison.

O Dieu

O Dieu que ce seroit une plaisante
    chose,
Ce Chapeau portoit un signe qui fit
    voir,
Quels sont les beaux Ressortz qui vous
    l'ont fait avoir,
Et quel en est au fond le motif & la
    cause.
Comme ce n'est pas là que la vertu
    conduit,
Et que le Chapeau Rouge est bien sou-
    vent le fruit,
Des doux plaisirs receus des Matrones
    gentilles,
Ou du desboursement des precieux
    Florins.
En plusieurs on verroit Medailles &
    Coquilles,
De mesme qu'on en voit en ceux des
    Pelerins.

                              Que

Que si l'on ne voit point de signe qu[i]
	nous marque,
De quelle Intrigue vient cet Illustr[e]
	Chapeau,
Ce qui pend au dessous, ce Cordon, c[e]
	Cordeau,
Nous fournit le sujet d'une belle Re-
	mat que.
Je vois avec plaisir cet Accompagne-
	ment,
Et crois qu'on ne sauroit trouver d'Af-
	sortiment,
Dont la Justesse soit plus belle & plus
	Complette,
Car vostre Chapeau Rouge assort[i]
	d'un Licou,
Vous servant d'un costé pour orne-
	ment de teste,
Fournit en mesme temps, ce qu'il fau-
	droit au Cou.

II. Fra-

II. Fragment.

Quand je vois d'un costé cette robbe
    empourprée,

De ce Rouge sanguin, & qued'ailleurs
    je voy

L'ardeur que vous avez d'endurer
    pour la foy,

Il me vient à l'abord une sainte pen-
    sée:

Je crois que la Rougeur dont vos sens
    sont surpris,

N'est pas le simple effect, d'une drogue
    de prix,

Mais bien que le desir d'endurer le
    Martyre,

Vous faisant boüillonner le sang par
    tout le Corps,

Fait aussi que ce sang s'exhale & se
    transpire,

Et va par ce moyen teindre tout le de-
    hors.

                    Si

Si bien que si l'Enfer renouvelloit l'o-
rage

Que l'Eglise à souffert, estant dans le
Berceau :

Si l'on voyoit encor le Mystique vais-
seau

Exposé, comme il fust, au danger du
Naufrage,

On vous verroit d'abord parétre sur
les rangs,

Pour soûtenir le choc des plus cruels
Tyrans,

Les supplices seroyent vostre plaisir
extreme,

Et prevenant les coups qui vous seroyent donnez,

Vous verseriez d'abord vostre sang
de vous mesmes,

J'entends que sur le champ, vous sai-
gneriez du nez.

Mais

Mais reprenons un peu voſtre ſainte
 Eſcarlatte,

Dans laquelle, à parler avec ſince-
 rité,

Non l'ardeur pour la foy, mais bien la
 vanité,

Non la Devotion, mais bien le luxe
 Eclatte.

Voulez bien ſavoir d'ou vient cette
 Couleur

Que L'Egliſe ſur vous voit avecque
 douleur,

La Cauſe & la Raiſon n'en ſont que
 trop cognuës?

Par là l'on ne veut pas diſtinguer voſtre Rang,

Mais comme aſſeurement, vous eſtes
 des ſangſues,

C'eſt ce que veut marquer cette Couleur de ſang.

d   Que

Que si vous ozez bien faire quelque
	replique,
Et que vous ne vouliez de ce sens con-
	venir,
Si vous pretendez donc contre moy
	soustenir
Que ce n'est pas ainsi que ce Rouge
	s'explique.
Disons donc que l'Eglise observant
	vos façons,
Nous fait dans vostre Habit plusieurs
	belles leçons,
Qui toutes nous font voir vos deffautz
	& vos vices,
Que vous ayant rougis jusqu'au bout
	des talons,
C'est pour vous accuser d'estre des
	ecrevices
Qui dans la loy de Dieu marchez à Re-
	culons.

De

De mesme que l'on voit à P..is l'..-
....esque,

Ce fourbe, ce filou, ce menteur, ce
fripon,

Cet homme sans parole, & sans Religion,

Ce Prelat qui seroit vray Prelat de la
Méque,

De mesme qu'on le voit tromper ob-
ligeamment

Tous ceux que leur malheur ou leur
engagement

Oblige d'aller voir cet Heliogabale:

De mesme on voit icy la noire Trahison,

Sous les fausses douceurs que son dehors étale,

Répandre finement son funeste poi-
son.

d 2   De

De mefme que l'on void ce Prelat A-
dultere,

Ce Pafteur Scandaleux , cet Illuftre
Vaurien,

Cet homme Corrompu, ce Sçelerat, ce
Chien,

Ce Bouc dont les horreurs ne fe peuvent plus taire:

De mefme qu'on le voit foufpirer
pour Conflans,

Ce beau lieu dans lequel il voit dé
temps en temps,

Sans craindre Pietrepont, la belle
de Varenne.

De mefme icy chacun deteftant fa
prifon,

Soufpire apres fa vigne & fe void avec
peine,

Esl igné des plaifirs de fa belle Mai-
fon.

III. Fra-

III. Fragment.

De mesme que l'on void le Pere de la
 C...ze,

Promettre tout à tous, & puis ne rien
 tenir,

Amuser cent Abbez & les Entrete-
 nir,

Dans l'agreable espoir d'estre un jour
 à leur aise:

Comme tel en l'esprit de la societé,

Il sait tromper les gens sous un air de
 bonté:

Jcy on promet tout, on se duppe, on
 s'attrappe,

On se repaist d'espoir, de fumée, &
 de vent,

Et tel qu'un bruict commun avoit
 fait entrer Pape,

Sort d'icy Cardinal, tout comme auparavant.

d 3   De

De mesme que l'on voit ce faquin de
Jeinte,

Cet homme qui n'entend, ni françois,
ni latin,

Par le bizarre effect, d'un aveugle de-
stin.

Avoir presentement, mille gens à sa
suitte.

De mesme que l'on voit ce fat, ce cheval là,

Comblé d'autant d'honneurs, qu'en
fit Caligula,

Au Cheval qu'il voulût faire Consul
de Rome;

De mesme l'on éleve au supreme pouvoir,

Tel qui n'a seulement que la forme de
l'homme,

Et dans qui l'on ne voit, ni vertu, ny
savoir.

De

De mesme que l'on voit ce petit de
    Beurre,

Trahir les Interestz du plus brave des
    Roys :

Quand quelcun desirant d'en accroi-
    stre les deniers,

Luy vient à cette fin produire quelque
    Tiltre,

De mesme que l'on voit, que ce lâche
    Corbeau,

Condamne ce qu'il a declaré bon &
    beau,

S'il voit qu'a ses amis il fasse preju-
    dice :

De mesme l'on trahit les Interestz de
    Dieu,

Et l'on tourne tousjours le dos à la
    Justice,

Ou l'Interest humain trouve le moin-
    dre lieu.

d 4   De

De mesme que l'on voit cet ouvrier
  d'Imposture,

Offusquer le Soleil par de noires va-
  peurs,

Et d'un souffle puant ternir les sain-
  ctes mœurs,

De tel que la vertu meine à la Prela-
  ture,

Comme pour assouvir sa noire Pas-
  sion,

Ce meschant homme fait donner
  l'exclusion,

Sur le faux exposé d'une fausse do-
  ctrine :

De mesme on fait jcy joüer mille
  ressors,

Et l'on n'oublie pas le peché d'Ori-
  gine,

Pour exclurre un papable & le mettre dehors.
IV. Frag-

IV. Fragment.

En effet c'est encor du fonds de ce
    Calice,

De ce sombre scrutin, qui se fait en
    ce lieu,

Que l'homme de peché sort pour
    paroître Dieu,

Et se fait adorer de la Rouge Milice.

D'icy sort l'Antechrist Fils de Perdi-
    tion,

Qui se veut élever à la Condi-
    tion,

De cet Estre Infini, que l'univers
    adore.

De cette Coupe sort le Chef des Car-
    dinaux,

Coupe qu'on doit nommer la Boëte
    de Pandore,

D'ou vient au Genre humain, toute
    sorte de maux.

De cette Coupe vient un Roy de qui
    l'Empire,

Renverse entierement celuy de JEsus
    Christ,

Un Pasteur qui combat contre le Saint
    Esprit,

Un Tyran sous lequel l'Evangile
    souspire.

D'icy sort un Geant, qui dit que son
    pouvoir,

Lie & delie tout & qui pretend
    d'avoir,

Les Mystiques Tresors, dont il se dit
    la source,

Mais au fond qui seduit les credules
    humains,

Appliquant tout son art à delier leur
    bourse,

Et par un rude joug, leur lier pieds &
    mains.

De

De cette Coupe viént un Monarque
de Bulle,

Qui croit avoir fur nous droit de vie &
de mort,

Qui penfe de tenir en fa main noftre
fort,

Comme l'on voit qu'il tient la bride de
fa Mule,

De cette Coupe fort un Pontifice qui
croit,

Remüer l'univers avec le bout du
Doigt,

Et renfermer le Ciel dans fa foible
perfonne,

Qui croit comme le dit à Rome tout
prêcheur,

D'eftre au deffus des Rois, & que
toute Couronne,

Doit paffer par le trou de l'anneau du
Pefcheur.

 De

De cette Couppe enfin, du fond de ce
  Calice,

Sont fortis pour regner , fous des Il-
  luftres Noms,

Des Sçeleratz , des Boucs , des Mon-
  ftres, des Demons,

Des hommes abimez & noiez dans le
  Vice.

De ce Conclave on a conduit fur
  les Autels,

Des Prelatz fçandaleux , des Pafteurs
  Criminels,

Des pecheurs plus chargez de crimes
  que d'années,

Que peut ont dire plus, on tire de ce
  lieu,

Des Voleurs, des Vilains, des Sorciers,
  des Athées,

Pour eftre rëcogneus les Lieutenans
  de Dieu.
                            Voici

Voici tout le Mémoire & toutes les Pièces, que l'autheur avoit communiquées manuscrittes à beaucoup de personnes en divers lieux. L'on verra encor icy le dernier Placet qu'il auroit bien souhaitté qu'il fût tombé entre les mains du Roy, & qui a été le sujet de sa perte : Car l'ayant envoyé à ce dessein de tous côtez, & sans doute aux Premiers Ministres de France! Les Bourguemestres de la ville de Geneve, où il résidoit pour lors, ayans eu connoissance de cette affaire, crurent en devoir avertir le Resident de S. M. lequel souhaittoit que l'autheur fût mis en lieu de sureté, jusques à ce qu'il eût réponce de la Cour, sur l'avis qu'il en donneroit. Bientôt après le Roy le demanda & fût remis sur les Limites à des

Ar-

Archers qui le menérent dans un
Caroſſe a Lion, & l'on n'a pas ſçu du
depuis ce qu'il étoit devenu.   Ce
miſerable ſouffrit ſa priſon ſans
chagrin, & la quittât de memes
pour partir, croyant que l'on le faiſoit conduire vers S. M.   Mais
bien loin de parvenir à ſes fins, il
eſt à preſumer, qu'il eſt bien en-
fermé, ſi on ne luy à pas fait déja
paſſer le pas.

Au Roy.

Sire.

PArmy une infinité de Placets
ou de Memoires que l'on a ad-
dreſſez, à V. M. depuis qu'elle eſt
ſur le Throne, on peut dire qu'il n'en
a point paru de ſi ſingulier & de ſi ex-
traordinaire que celuy cy.

On cy expoſe SIRE que Monſieur
L'Archevêque de P...s & le Pere de
la C..... qui ont la direction des affaires Eccleſiaſtiques, trahiſſent les interets de V. M. & la trompent de telle maniere, que quelque retenüe que
l'on aye, l'on ne peut s'empeſcher de
dire & de publier que ce ſont des
f....ns.

On ſcait SIRE qu'un expoſé con-
ceu en des termes ſi forts n'eſt pas ſeu-
lement ſurprenant, mais qu'il eſt mesmes ſcandaleux, on ſçait qu'on l'ad-
dreſſe a un grand Roy qui aime la mo-
deſti-

deration & qui ne veut pas que l'on viole la Dignité de ſes Miniſtres, on ſçait que ceux çy ſont d'un caractere à être particulierement reſpectez, & l'on n'ignore pas le danger qu'il y a de blaſmer des perſonnes de ce rang & de cette authorité : mais bien que toutes ces conſiderations n'inſpirent que des termes ſoumis & des expreſſions fort addoucies, avec tout cela SIRE, dans la conſtante & parfaitte connoiſſance que l'on a des inſ*idelitez* & *friponneries* que ces deux hommes font à V. M. on ne peut encore un coup, s'empeſcher de dire, & de publier que ce ſont des fr*ipons*.

Une accuſation ſi atrosſe & ſi determinée contre des perſonnes que leur élevation fait paroitre extrement éloignées de ſemblables atteintes, demandent, ſans doute des preuves de la derniere force, & c'eſt ce que l'Expoſant offre de donner à V. M. Mais par ce que ces preuves ſont d'une trop grâde eten-

étendue pour entrer dans un placet,
l'Expofant pour faire voir quil n'impo-
fe point, & qu'il ne veut pas fuir apres
avoir lafché fon coup, declare qu'il
demeure à Geneve, qu'il y eft connû
fous le nom de Duparc, qu'il lo e
chez la Demoifelle Clopet rüe de la
Pelifferie & offre fous peine de la vie,
de verifier & de maintenir ce qu'il
avance.

On fçait bien que ce Prelat & ce Je-
fuite croiront, que pour fe depetrer
d'une accufation fi preffante qu'il ny
aura qu'a dire que l'Expofant eft un
fou, car ces defaites ont cela de bon
qu'elles ne coutent rien, qu'elles font
toujours prêtes, & qu'elles font d'un
grand ufage; mais outre que ces fortes
de moyens font trop foibles pour elu-
der une accufation fi formelle, & trop
frivoles pour contenter les gens de
bon fens: L'Expofant SIRE remontre
à V. M. qu'Ile a à Geneve fon Refi-
dent le Sieur Depré homme d'honneur

neur & d'esprit, par qui elle peut être
informée de la validité ou invalidité
de cette recrimination.

Ainsi SIRE l'accusation demeu-
rant jusques là dans sa force, & l'Ex-
polant étant comme il est informé des
infidelitez & tromperies que ce Prelat
& ce Jesuite font à V. M. dans des
affaires de la derniere conséquence, il
persiste, sauf le tres profond respect
qu'il doit à V. M. dont il ne se départira
jamais, dedire & de publier
que ces deux hommes
sont des frippons.

F I N.

9 782016 113288